VENTE

DU

Mercredi 29 Juin 1904

HOTEL DROUOT, SALLE N° 7

à 2 heures.

Tableaux, Dessins
Estampes et Livres

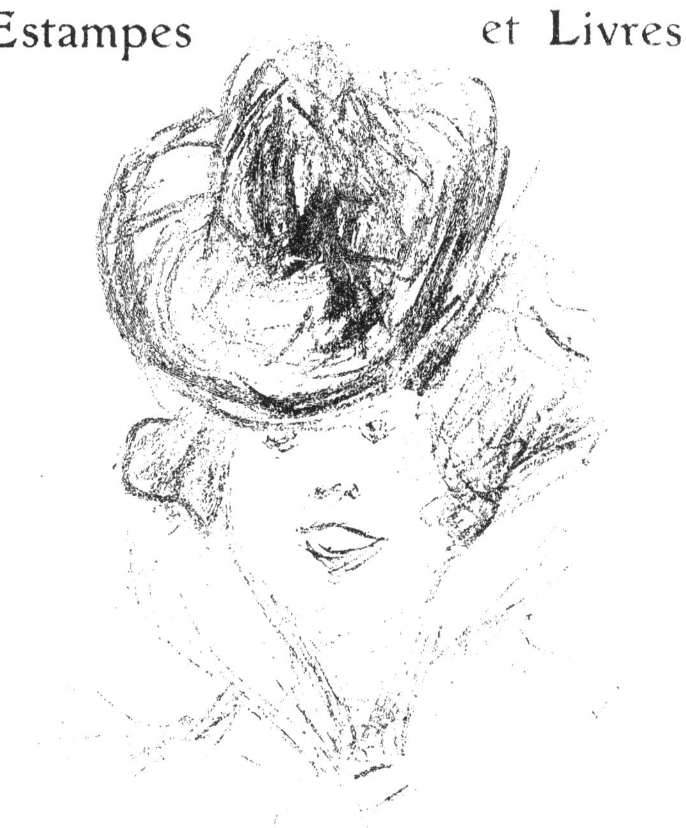

Fac-simile d'une gravure au burin gravée sur cuivre par Ernest FLORIAN d'après un croquis de Paul Renouard. (Extrait du Journal L'Iz.)

Commissaire-Priseur
M° Léon TUAL

Expert
M° Loys DELTEIL

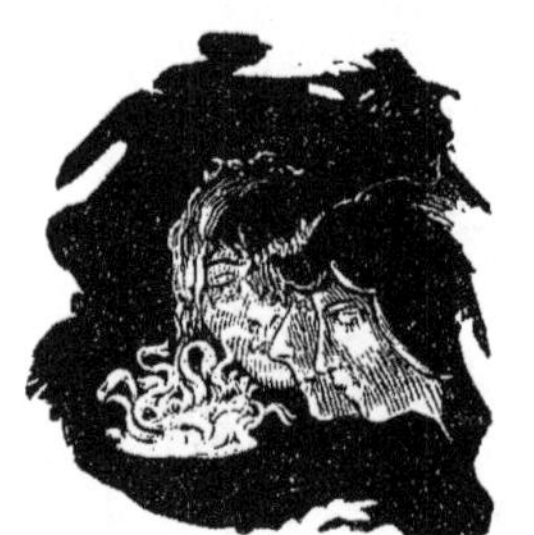

CATALOGUE

DES

TABLEAUX, DESSINS

Gravures

Estampes, Livres, etc.

OFFERTS A LA FAMILLE DE L'ARTISTE-GRAVEUR

F. FLORIAN

et dont la Vente aura lieu

HOTEL DROUOT, SALLE N° 7

Le Mercredi 29 Juin 1904, à 2 heures

EXPOSITION PUBLIQUE

Le Mardi 28 Juin 1904

de 2 heures à 6 heures

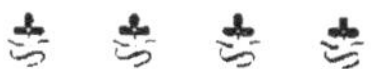

<table>
<tr><td>Commissaire-Priseur :</td><td>Expert :</td></tr>
<tr><td>Mᶜ Léon TUAL</td><td>M. Loys DELTEIL</td></tr>
<tr><td>56, Rue de la Victoire</td><td>ARTISTE-GRAVEUR
22, Rue des Bons-Enfants</td></tr>
<tr><td>PARIS</td><td>PARIS</td></tr>
</table>

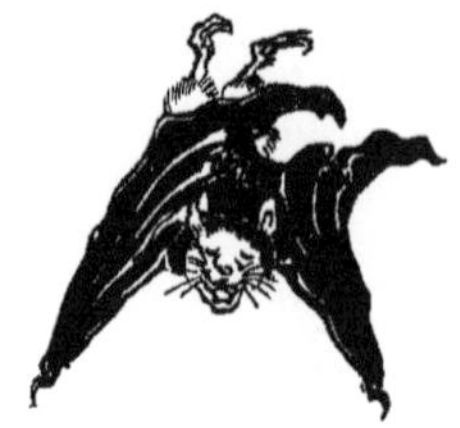

CONDITIONS DE LA VENTE

Elle sera faite au comptant.

Les acquéreurs payeront dix pour cent en sus des prix d'adjudication.

La reproduction des tableaux et des dessins est rigoureusement interdite.

L'Expert chargé de la vente remplira les commissions
des personnes qui ne pourraient y assister

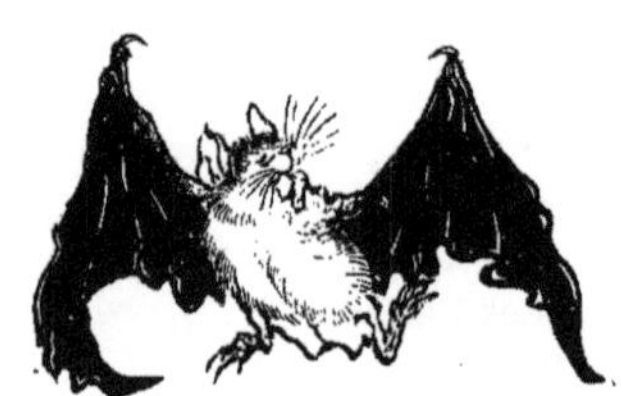

AVANT-PROPOS

Aux Amateurs d'Art,

Quand un désastre public vient fortuitement jeter l'angoisse dans les esprits, un élan spontané dirige la pensée de chacun de nous vers les victimes de cette calamité et leurs proches. Et si quelque appel en aide nous parvient, chacun aussi sait participer, dans la mesure de ses ressources, à l'œuvre de solidarité commune.

En apportant notre part de soulagement à ces tristesses, souvent anonymes, nous trouvons en notre conscience une satisfaction reposante et légitime.

Cette impulsion, où nous puisons le sentiment d'avoir accompli un devoir, est d'autant plus grande que sont plus grands l'horreur des circonstances de la catastrophe et le nombre de ses victimes.

Mais combien devra nous émouvoir au même degré l'infortune brusque, imprévue, frappant implacablement un homme aimé de tous, un artiste incontesté, dans la plénitude de sa vitalité et de son talent! Combien aussi sera touchant l'empressement de chacun à répondre au premier appel de solidarité.

Ce spectacle nous est donné et se manifeste avec un sincère enthousiasme à l'égard du Maître-graveur Frédéric Florian.

Dès que la violence du mal eut terrassé l'homme d'énergie, l'homme de travail que fut toujours Frédéric Florian, il naquit parmi ses intimes une stupeur profonde. Comment croire qu'un tel malheur existât? Hélas! la paralysie avait accompli ses ravages et il fallut bien s'incliner devant la triste réalité.

Plusieurs artistes amis convinrent de venir en aide à la famille de celui des leurs que le sort frappait si cruellement et ils réunirent, à cet effet, pour en faire la vente, un certain nombre de leurs œuvres.

Tous ceux qui ont connu Frédéric Florian, tous ceux qui ont apprécié son talent; tous ceux qui soupçonnent ce que coûte d'efforts la réalisation d'un travail d'art et aussi tous ceux que le sentiment de justice fait se révolter contre les lâchetés du destin, sauront participer à l'œuvre généreuse en sympathisant avec les artistes.

Messieurs, qui donc plus que vous pouvait accomplir cet acte de réparation et d'humanité?

N'êtes-vous pas l'élite favorisée par le goût, qui s'émeut, ressent et vibre devant les expressions d'art qu'elle consacre? pour qui s'use l'effort, le génie; pour qui le rêve de beauté prend l'essor et se matérialise?

En examinant telle gravure, tel tableau, n'avez-vous pas éprouvé le désir, maintes fois, d'en connaître l'auteur pour lui exprimer, avec votre admiration pour son talent, quelque reconnaissance pour les joies qu'il vous procure? Et que ne ferez-vous volontairement, pour l'homme ayant conçu l'œuvre qui vous charme, en échange des instants heureux qu'il vous crée, — et que vous pouvez renouveler à loisir — s'il s'agit de l'aider à supporter un cruel moment de la vie? Puisqu'il est telle occurrence où se confondent l'homme et l'œuvre, ne peut-on présumer, de même, que le désir d'acquérir s'accorde avec celui d'accomplir une bonne action?

La collection que vous êtes appelés à apprécier aujourd'hui fut rapidement formée, dans un cercle très limité. Il a fallu restreindre l'appel pour agir au plus vite; mais l'accueil a été chaleureux et nulle bonne volonté n'a fait défaut.

D'autres auraient voulu, sans doute, faire plus grandiose, avec aussi, peut-être, plus d'ambitions. Notre rôle fut effacé, modeste; nous l'avons voulu tel. Et si l'un de nous s'est permis de tracer les lignes présentes, c'est pour vous témoigner, Messieurs, toute l'étendue de la confiance que nous mettons en vous pour que votre aide fortifie aussi largement que possible l'œuvre de solidarité que nous avons entreprise.

Juin 1904.

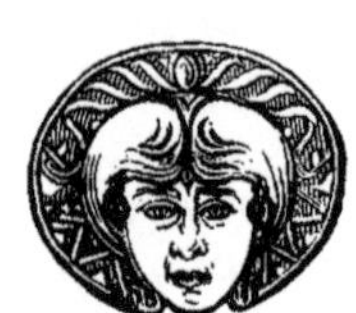

DÉSIGNATION

TABLEAUX, DESSINS, ESTAMPES

BAC (F.)

1 — Aux bains de mer.

Aquarelle. H. 0^m56×0^m46.

Don de l'Auteur.

BELLERY-DESFONTAINES

2 — Étude d'enfants pour un panneau décoratif.

Dessin au crayon. L. 1^m05×0^m77.

Don de l'Auteur.

BELTRAND (Camille)

3 — Gravure en aquatinte d'après Constantin Guys.

Premier état.

4 — Lithographie d'après Constantin Guys.

(Crayon et lavis.)

Dons de l'Auteur.

BELTRAND (Jacques)

5 — Femme au bosquet.

Gravure originale sur bois. (Épreuve n° VII d'un tirage de 30 épreuves).

Don de l'Auteur.

BELTRAND (Marcel)

6 — Paysanne.

> Eau-forte.

> *Don de l'Auteur.*

BELTRAND (Tony)

7 — Croquis d'enfants.

> Gravure sur bois originale. Épreuve d'artiste sur Chine

> *Don de l'Auteur.*

BOILVIN (Émile)

8 — Promenade dans le parc, d'après Watteau (Musée du Louvre).

> Eau-forte.

9 — Famille de Paul Potter, d'après Van der Helst.
> Eau-forte.

10 — Gravure d'après un dessin de Maignan devant servir à l'illustration d'un Corneille.

11 — Les Pêcheurs.

> Gravure originale.

> *Dons de M. Alfred Porcabeuf.*

BOISSON (L.)

12 — La belle Ferronnière, d'après le tableau de Léonard de Vinci.

> Gravure au burin.

> *Don de l'Auteur.*

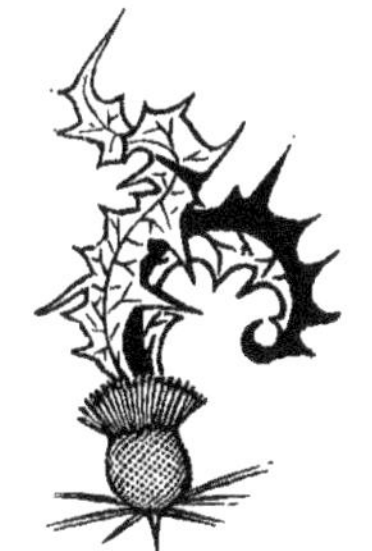

BONNET (Gustave)

13 — La Houle.

Suite de sept compositions originales inédites sur une poésie intitulée *La Houle*, légende bretonne, extraite du volume *Nos Plaies*, par Paul Roinard.

Aquarelles décoratives relevées de plume.

Poésie autographe de Paul Roinard.

14 — L'Aigle du Casque.

Composition inédite sur le poème de Victor Hugo, tiré de la *Légende des Siècles*.

Aquarelle relevée de plume. H. $0^m71 \times 0^m52$.

Dons de l'Auteur.

CHANTESAIS (Valéry)

15 -- Les Cloches.

Composition décorative. Aquarelle. H. $0^m79 \times 0^m65$.

16 — Portrait d'Érasme.

Lithographie (Salon), d'après le tableau de Holbein. H. $0^m49 \times 0^m42$.

Dons de l'Auteur.

CHARLET (N. T.)

17 — Album lithographique, par Charlet, 1834.

Couverture et suite de dix-huit lithographies en un vol. in-4° obl. cart.

Don de M. A. Beurdeley.

DAUVERGNE (Alphonse)

18 — Highlander.

Gravure sur bois en couleurs, d'après l'original de Scott. (Salon de 1904.) $0^m56 \times 0^m45$.

Don de l'Auteur.

DECIZY (Eugène)

19 — Gravure en aquatinte originale.

Don de l'Auteur.

DELTEIL (Loys)

20 — Portrait de Daumier.

Eau-forte.

21 — Portrait de Paul Renouard.

Eau-forte.

Dons de l'Auteur.

DETURCK (J.)

22 — La danseuse de Tanagra (Musée du Louvre).

Gravure au burin pour l'Académie des Beaux-Arts (Épreuve sur Japon).

Don de l'Auteur.

DEVÉRIA (Achille)

23 — Carnevale, en pied (H. Beraldi 12). — Desmaisons, lithographe (65). Eugène Devéria (229). — Midi (Mme A. Devéria) (418). — Baise Maman. Cinq lithographies. Ce numéro sera divisé.

Dons de M. Alfred Beurdeley.

DEVILLE (J.)

24 — Le Philosophe Nietzsche.

Gravure sur bois (Salon 1904. S. N. B. A.)

Don de l'Auteur.

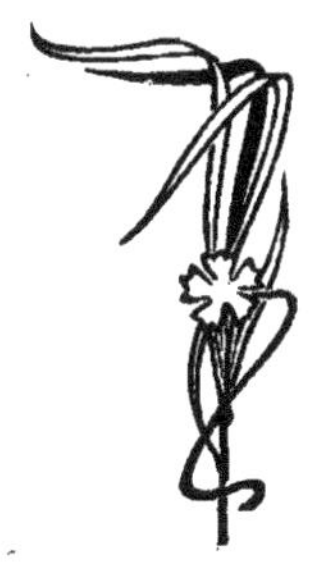

FAUGERON

25 — Marine (Marseille).

Pastel. H. 0^m.42×0^m51.

Don de l'Auteur.

FLORIAN (Frédéric)

26 — Trente-deux épreuves gravées *au burin pur* pour l'ouvrage « Mouvements, Gestes et Expressions » par
Paul Renouard.

Épreuves d'essai, réparties en quinze cadres.

(Ce numéro pourra être divisé en plusieurs lots.)

Don de M. Paul Renouard.

27 — Rêverie (femme de profil).

Gravure sur cuivre au burin pur. La planche appartient à M. Louis
Porcabœuf qui a tiré spécialement six épreuves pour cette vente,
savoir : Quatre épreuves sur Japon. Deux épreuves sur parchemin.

(Ce numéro pourra être divisé en plusieurs lots)

Don de M. Louis Porcabœuf

FRITEL (Pierre)

28 — Paysage.

Dessin au fusain.

Don de l'Auteur.

FROMENT (Émile) Mme

29 — Pastel.

Don de l'Auteur.

FROMENT (Émile)

29 *bis* — Portrait de l'acteur Taillade, d'après Laurent
Gsell.

Gravure sur bois.

Don de l'Auteur.

FROMENT (Eugène)

30 — Novembre.

Gravure sur bois, d'après Rapin.

Don de l'Auteur.

FROMENT (Maurice)

31 — Eau-forte, d'après André Brouilhet pour « les Contem-
plations », de Victor Hugo.

Don de l'Auteur.

GÉRARDIN (Auguste)

32 — Nature morte.

(Poterie et tapisserie.) Peinture.

Don de l'Auteur.

33 — Un coin de la Halle aux Poissons.

Lavis à l'encre. H. 0m45×0m39.

Don de la Société de Prévoyance des Graveurs sur bois et Dessinateurs.

GERMAIN

34 — Gravure sur bois en deux tons, d'après un dessin
de Rembrandt.

Don de l'Auteur

GIRALDON (Ad.)

35 — Paysage (Les Noyers-Tròo, Loir-et-Cher).

Peinture. H. 0m31×0m62.

Don de l'Auteur.

GORGUET (A.-F.)

36 — Le Matin.

Tête d'expression. Peinture. H. 0m55×0m38.

Don de l'Auteur.

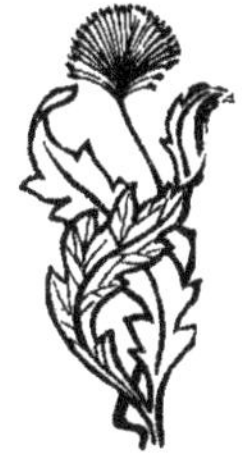

GRASSET (Eugène)

37 — Noël.

Composition originale. Aquarelle. H. 0^m56×0^m41.

Don de l'Auteur.

HEIDBRINCK (Louis)

38 — Le Bain.

Dessin à la plume. H. 0^m46×0^m35.

Don de la Société de Prévoyance des Graveurs sur bois et Dessinateurs.

HERVIER (Adolphe)

39 — L'Heure de la Messe (Bretagne).

Dessin aux deux crayons sur papier teinté. H. 0^m58×0^m52.

Don de M. Jean Dolent.

HUYOT (Albert)

40 — Tête de vieillard.

Étude à la Sanguine. H. 0^m53×0^m39.

Don de la Société de Prévoyance des Graveurs sur bois et Dessinateurs.

IBELS (H.-G.)

41 — Dessin original au crayon relevé d'aquarelle.

Paru dans l'*Assiette au Beurre*. H. 0^m50×0^m45.

Don de l'Auteur.

ISABEY (Eugène)

42 — Six marines dessinées sur pierre, par Eug. Isabey, 1833 :
1° Intérieur d'un port.— 2° Marée basse. — 3° Retour
au port. — 4° Radoub d'une barque. — 5° Environs
de Dieppe. — 6° Souvenir de St-Valery-sur-Somme.

Suite de six lithographies in-folio. Épreuves sur Chine.

Don de M. A. Beurdeley.

ISABEY (J.-B.)

43 — Caricatures, 1818, pl. 1, 2 (double), 3, 5, 8 et 9,
(G. Hédiard 2-10).

> Sept lithographies coloriées.
>
> *Don de M. A. Beurdeley.*

JEANNIOT (Georges)

44 — Portrait de jeune fille.

> Étude au crayon noir relevé de sanguine et de crayon blanc.

45 — Scène d'audience (Procès Lebaudy).

> Lithographie exécutée d'après nature à l'audience même.

46 — La Marche.

> Colonne de soldats sous la pluie. Lithographie originale.

47 — L'Eclopé.

> Lithographie originale.

48 — Le Polo.

> Dessin original colorié paru dans *le Rire*.
>
> *Dons de l'Auteur.*

JOSSOT

49 — Types de Marins (Camaret-sur-Mer).

> Lavis genre grisaille. H. 0m31×0m26.
>
> *Don de l'Auteur.*

LAURENS (A.-P.)

50 — Etude d'Algérie (Palmiers).

> Peinture. H. 0m24×0m32.
>
> *Don de l'Auteur.*

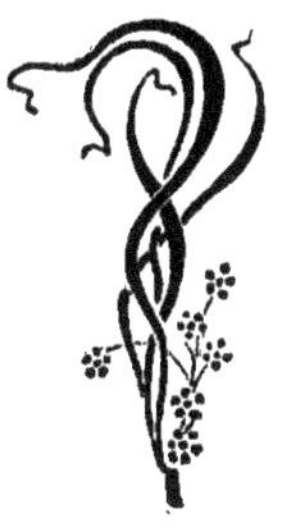

LE COUTEUX (Lionel)

51 — La Nativité, d'après Rubens.

Burin et eau-forte. H. 0^m69×0^m59.

Don de la Société de Prévoyance des Graveurs sur Bois et Dessinateurs.

LEFORT (Henri)

52 — Les Bulles de Savon.

Eau-forte d'après Chardin. Tirage sur Japon.

53 — Portrait.

Eau-forte d'après Ricard. Tirage sur Japon.

Dons de l'Auteur.

LELOIR (Maurice)

54 — Dessin au lavis.

Illustration pour *la Dame de Montsoreau*. H. 0^m48×0^m42.

N° 27 du Catalogue de la vente de deux cent-quarante-cinq dessins originaux de Maurice Leloir pour la *Dame de Montsoreau*, par Alexandre Dumas. (Vente d'Avril 1903).

> ... Puis on m'a poussé dans la chambre où vous étiez couché, et l'on m'a dit d'ôter mon bandeau. Je vous ai aperçu alors couché sur un lit de damas blanc a fleurs d'or. — P. 112.

Don de M. Carteret.

LEPÈRE (Auguste)

55 — Vendémiaire.

Eau-forte.

56 — Le Pont-Neuf.

Eau-forte.

Dons de l'Auteur.

LESIGNE (Léopold)

57 — Vues de Reims.

Trois eaux-fortes.

Don de l'Auteur.

LÉVY (G.)

58 — « Mélodie », d'après E. Hébert.

Eau-forte et burin.

Don de M. Ch. Willmann.

MANESSE

59 — Les Baigneuses, d'après Lancret.

Eau-forte et burin (partie gravée $0^m38 \times 0^m30$). Épreuve sur papier de Hollande.

Don de l'Auteur.

MARTIN (Henri)

60 — Enfant au panier.

Peinture. — Étude pour le triptyque du Travail (Caisse d'Épargne de Marseille). (Salon des Artistes Français, 1904.)

Don de l'Auteur.

MATHEY (Paul)

61 — Paysage.

Peinture.

Don de l'Auteur.

MATISSE

62 — Marine (Bréhat).

Peinture. Hauteur $0^m27 \times 0^m35$.

Don de l'Auteur.

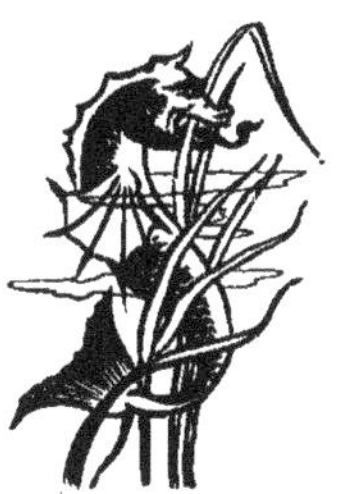

MERSON (Luc-Olivier)

63 — Etude d'enfant (corps de profil).

Dessin pour une composition décorative. H. 0m79×0m61.

64 — Etude d'enfant (masqué d'un loup).

Dessin pour une composition décorative. H. 0m83×0m63.

Dons de l'Auteur.

MORIN (Louis)

65 — L'Automobile.

Plume et aquarelle. H. 0m29×0m45.

Don de l'Auteur.

MULLER (Alfred)

66 — Le Livre préféré.

Eau-Forte en couleurs, tirée à 50 épreuves (n° 12).

Don de M. Sagot.

ORAZI (Manuel)

67 — Aquarelle pour illustrer une légende par Jean Lorrain,
paruc dans la *Revue Illustrée* (Fée aux Oies).

H. 0m77×0m64.

68 — Aquarelle pour illustrer une légende par Jean Lorrain,
paruc dans la *Revue Illustrée* (Sirènes).

H. 0m74×0m75.

Dons de M. René Baschet.

OUTHWAITE (Gérard)

69 — Deux études, d'après Valadon.

Gravures sur bois. — Épreuves d'artiste.

a. — L'Automne, d'après Henri Pille.

Gravure sur bois. — Épreuve d'artiste.

b. — Napoléon à l'Ecole de Brienne, d'après Réalier-
Dumas.

Gravure sur bois. — Épreuve d'artiste.

Dons de M. Louis Outhwaite.

PAILLARD (Henri)

70 — L'Estacade à Paris.

71 — La Station des Bateaux-Mouches, Paris.

72 — L'Hôtel de Ville de Bruxelles (Belgique).

Eaux-fortes.

73 — Le petit bras de la Seine.

Eau-forte en couleurs.

Dons de l'Auteur.

PANNEMAKER (Stephane)

74 — Baigneuse, d'après Perrault.

Gravure. — Épreuve d'état.

Don de l'Auteur.

PÉAN (René)

75 — Parisienne.

(Jeune femme par un temps de vent) Pastel. H. 0^{m}61×0^{m}38.

Don de l'Auteur.

PELLIER (?)

76 — Scène rustique.

Lavis en grisaille ; quelques touches de gouache. H. 0^{m}26×0^{m}39.

Don de la Société de Prévoyance des Graveurs et Dessinateurs.

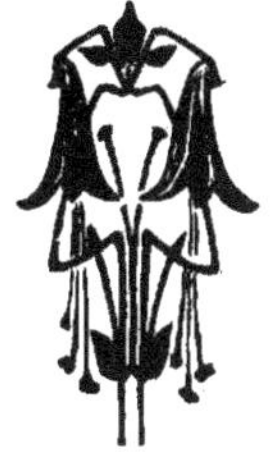

PERRICHON (J.-L.)

77 — La Bièvre.

Pastel. H. 0ᵐ34×0ᵐ47.

Don de l'Auteur.

PILLE (Henri)

78 — En Reconnaissance.

Dessin à la plume. H. 0ᵐ40×0ᵐ53.

Don de M. A. Lemerre

PRUNAIRE (Alfred)

79 — Album d'animaux, d'après E. Saint-Marcel.

Exemplaire sur papier de Chine de l'album de huit gravures exécutées par Mme Fanny Prunaire et M. Alfred Prunaire.

Don des Auteurs.

80 — L'Escholier du Palais de Justice, d'après Daumier.

Épreuve numérotée (n° 21), sur papier du Japon (En six impres-sions de couleurs). Salon de 1903.

Les planches de cette gravure sont la propriété de la Ville de Paris.

Don de l'Auteur.

RENOUARD (Paul)

81 — A l'Opéra.

Album de trente eaux-fortes, par Paul Renouard. Préface de Ludovic Halévy.

Don de M. P. Renouard.

RUFFE (Léon)

82 — La Sortie de l'Eglise (Bretagne).

Eau-forte originale. — Épreuve d'état. H. 0ᵐ74×0ᵐ60.

Don de l'Auteur.

STEINLEN (Th.-A.)

83 — Chat couché.

Peinture. H. 0ᵐ46×0ᵐ65.

Don de l'Auteur.

THIRIAT

84 — Le Général Galliéni.

85 — Portrait de M. Edmond Rostand.

Gravures sur bois (l'*Illustration*).

Dons de l'Auteur.

TINAYRE (Julien)

86 — Coin de Bièvre, à Paris.

Eau-forte originale.

Don de l'Auteur.

TOUPEY (Alexandre)

87 — Portrait de Mᶦˡᵉ Armandine, d'après Marie Bashkirtcheff. (Musée du Luxembourg.)

Lithographie (Salon de 1898).

Don de l'Auteur.

WÉLY (J.)

88 — La Pêche à la ligne.

(Fantaisie originale). Dessin en noir.

Don de M. E. Greningaire.

WILLETTE (Adolphe)

89 — Le Départ pour Cythère.

Dessin à la plume.

Don de l'Auteur.

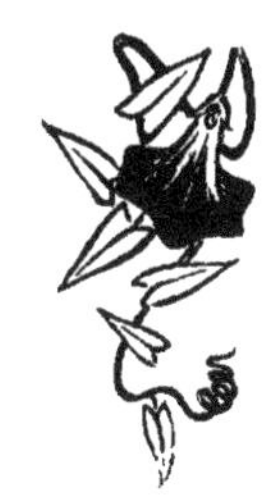

WOGEL

90 — Dessin original à la plume

Don de l'Auteur.

91 — Diverses pièces non mentionnées au Catalogue.

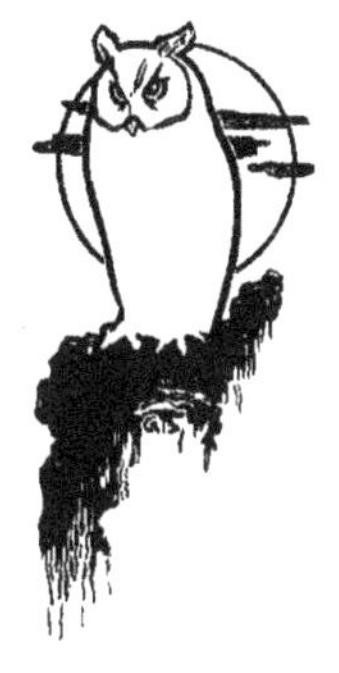

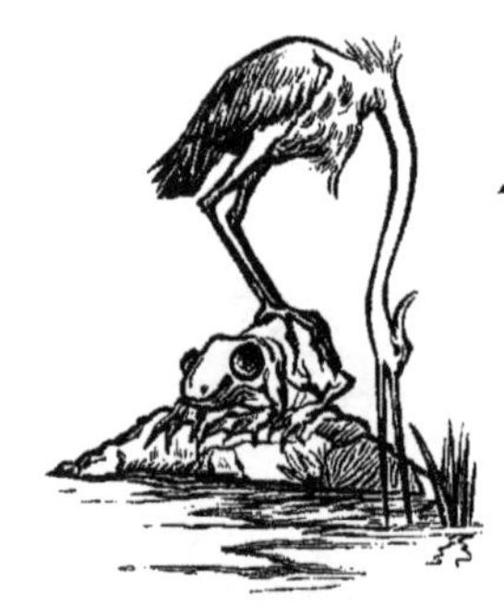

LIVRES ET DIVERS

92 — *Hernani*, par Victor Hugo.

1 vol. in-8° jésus, imprimé par Chamerot, contenant un portrait d'après une lithographie de Deveria et quinze compositions par Michelena gravés au burin et à l'eau-forte par Boisson. (L. Conquet, éditeur.)

Demi-reliure maroquin, coins, dos orné, tête dorée, non rogné.

Don de M. Carteret.

93 — *Ruy-Blas*, par Victor Hugo.

1 vol. in-8°, imprimé par Chamerot, contenant un portrait d'après une lithographie et quinze compositions de A. Moreau, gravés à l'eau-forte par Champollion. (L. Conquet, éditeur.)

Demi-reliure maroquin, coins, dos orné, tête dorée, non rogné.

Don de M. Carteret.

94 — *Stello*, par Alfred de Vigny (Introduction de Jules Case).

1 vol. broché. Exemplaire n° 379, sur vélin, de l'édition spéciale, illustrée de 65 compositions de Georges Scott, gravées sur bois par Eug. Dété, et de 41 lettres originales ornées, gravées sur bois par Eug. Dété.

Don de M. Dété.

95 — *Auguste Rodin*, statuaire.

1 vol. petit in-4° carré, illustré de nombreux dessins inédits de Auguste Rodin, de gravures à l'eau-forte et sur bois, par Ch. Courtry, Léveillé, Lepère, Beltrand, et d'héliogravures en noir et en couleurs, reproduisant les œuvres capitales du maître sculpteur.

Tirage sur beau papier du Marais.

Don de M. Floury.

96 — *L'Œuvre de Auguste Boulard.*

> Illustré de un portrait de Boulard gravé par Boulard fils, et d'eaux-fortes de A. Boulard, Courtry, Delteil, Faivre et Lefort; lithographie de Lunois, héliogravure de Arents et nombreux dessins de Boulard père.
>
> Exemplaire numéroté sur vélin du Marais.
>
> *Don de M. Floury.*

97 — *Histoire des Quatre Fils Aymon*, très nobles et très vaillans chevaliers.

> Ouvrage illustré de compositions en couleurs par Eug. Grasset.
> Gravure et impression par Charles Gillot.
> Introduction et Notes par Charles Marcilly.
> Exemplaire broché.
>
> Paris. H. Launette, Éditeur. 1883.

98 — Autre exemplaire broché du même ouvrage.

> *Dons de Madame Gillot.*

99 — *Le Livre d'Esquisses*, par Tristan Klingsor.

> Ouvrage illustré de vignettes et de culs-de-lampe, par Louis Grenier et orné de vignettes originales au lavis par l'illustrateur.
>
> Édition du *Mercure de France*.
>
> *Don de M. Klingsor.*

100 — *Les Soliloques du Pauvre*, par Jehan Rictus.

> In-4° broché. Exemplaire sur vélin n° 105. Illustré de compositions par A. Steinlen. (Tirage à 100 exemplaires.)
> Paris, 1903. P. Sévin et E. Rey, éditeurs.
>
> *Don de MM. Sévin et Rey.*

101 — *La Maison du Péché*, par Madame Marcelle Tinayre,

> 1re *Édition. Autographe de l'Auteur*, in-8° broché.
> Paris. Calmann-Lévy, éditeurs.
>
> *Don de l'Auteur.*

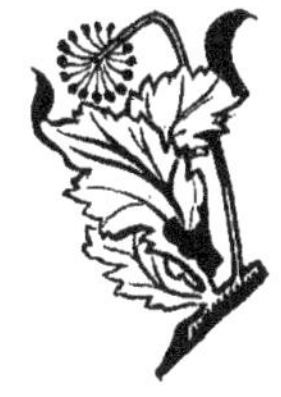

102 — *Le Passant*, par François Coppée.

> Reproduction en fac-simile du manuscrit de l'auteur et d'une page de musique de J. Massenet. Compositions de Louis-Edouard Fournier. Eaux-fortes de Léon Boisson.
>
> Armand Magnier, éditeur (Collection des Dix).
>
> Exemplaire sur vélin de cuve.

Don de M. Romagnol.

FLAUBERT (G.)

103 — A bord de la Cange.

> 1 vol. in-12.
>
> Neuf compositions de A. Robaudi, gravées par C. Chessa.
> Paris, Librairie des Amateurs, A. Ferroud, F. Ferroud, successeur.

Don de M. Ferroud.

OUTHWAITE (Louis)

104 — Fra Angelico.

> (*Médaille de bronze*, ayant valu à son auteur le prix Chenavard à l'École des Beaux-Arts, en 1900.)

Don de l'Auteur.

105 — Agrafe de manteau.

> Émail coloré (style moderne).

Don de M. Joffroy

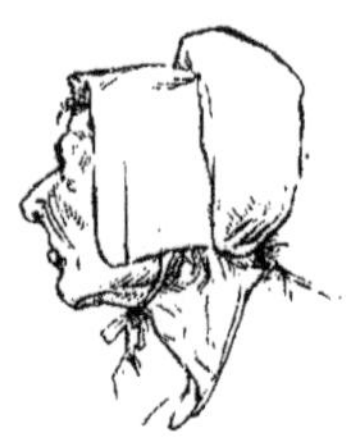

Le présent Catalogue tiré à 2000 Exemplaires, a été gracieusement offert par la Maison LAHURE.

Les clichés des vignettes d'ornement, dont les sujets sont en majeure partie gravés sur bois par SMACHTENS, ont été exécutés et offerts par la Maison L. BOUDREAUX.

Nous devons mentionner ici les noms de MM. THÉVENIN, Artiste-Graveur, et A. PAULET, homme de lettres, non cités au Catalogue, et dont le concours nous a été très précieux.